ZASADNICZE PYTANIA
J. BLANCHARD

Wydawnictwo Ewangeliczne

Wydano staraniem Kościoła
Ewangelicznych Chrześcijan, Poznań

Tytuł oryginału
ULTIMATE QUESTIONS

Projekt i szata graficzna — KNR Graphics

Redaktor — Kazimierz Krystoń

Wydanie pierwsze 1988
Wydanie drugie 1991

© Copyright in Polish by Wydawnictwo Ewangeliczne
TEW Poznań 1988

Wszystkie fragmenty z Pisma Świętego cytowane za — Biblia to jest Pismo Święte Starego i Nowego Testamentu, Warszawa 1975

Drukowane w Wielkiej Brytanii

EP Books, Faverdale North, Darlington. DL3 0PH
sales@epbooks.org / www.epbooks.org

ISBN: 978 085234 3548

This edition 2013

Życie jest pełne pytań. Niektóre z nich są błahe, niektóre poważniejsze — a niektóre ogromnie ważne.

Nawet gdy czytasz te słowa mogą cię nurtować pytania dotyczące twojego zdrowia, twojej sytuacji finansowej, twojej pracy, twojej rodziny czy twojej przyszłości.

Jednak najważniejsze, zasadnicze pytania dotyczą Boga i twojego stosunku do Niego. Nic nie jest w życiu ważniejsze od tego. Dobre zdrowie, równowaga finansowa, pewne miejsce pracy, szczęśliwe życie rodzinne i nadzieja na przyszłość — oto rzeczy, których pragnie człowiek. Jednakże nawet one są chwilowe i ostatecznie pozbawione sensu jeśli nie posiada się **żywego związku z Bogiem, jedynym, który jest oczywisty i pewny — i który będzie trwał na wieki.**

Na kolejnych stronach tej książeczki odkryjesz dlaczego taki związek jest tak koniecznie potrzebny – i w jaki sposób jest on możliwy.

Pytania, które postawimy zaliczają się do najważniejszych i najpoważniejszych jakie tylko można zadać. Odpowiedzi na nie należą do tych, których potrzebuje każdy.

Proszę przeczytaj te strony dokładnie i uważnie — a jeśli to będzie konieczne więcej niż raz.

Nie możesz sobie pozwolić na to, aby nie dostrzec ich przesłania.

Czy jest tam ktoś?

Oto podstawowe pytanie. Jeśli Bóg nie istnieje, to szukanie Go jest bezcelowe. **Kto bowiem przystępuje do Boga, musi uwierzyć, że On istnieje.**[1] Mimo, że niemożliwe jest 'udowodnienie' Boga w sensie matematycznym, świadectwo Jego istnienia jest bardzo przekonywujące.

Weźmy na przykład istnienie wszechświata. Nazwanie go wynikiem 'przypadku' budzi wiele pytań, a nie odpowiada na żadne. To samo dotyczy teorii 'Wielkiego Wybuchu'. Skąd na przykład wzięły się substraty, które wzięły w nim udział? Nawet 'wielki wybuch' nie może stworzyć czegoś z niczego! Teoria ewolucji jest tak szeroko rozpowszechniona, jak słaba. Jak może 'nic' rozwinąć się w 'coś', pomijając zadziwiająco skomplikowane formy życia na ziemi?

Wszystkie inne teorie są równie kruche. Jedynym zadowalającym wyjaśnieniem jest: **Na początku stworzył Bóg niebo i ziemię.** Nasz świat nie jest przypadkowym wynikiem gigantycznego zbiegu okoliczności zawierającym składniki, które 'zawsze tam były'. Przeciwnie, *światy zostały ukształtowane Słowem Boga, tak iż to, co widzialne, nie powstało ze świata zjawisk.* Stworzenie miało początek, i to Bóg je spowodował. *Bo On rzekł — i stało się, On rozkazał — i zaistniało.*

Jest to potwierdzone zaskakującym porządkiem i celowością zauważalną wszędzie, oraz uniwersalnymi prawami, które zespalają wszystko począwszy od bezmiaru kosmosu, a skończywszy na mikroskopijnych organizmach. Jednak zarówno **plan, jak i prawa muszą mieć swego autora — a jest nim Bóg!** *Bóg, który stworzył świat i wszystko, co na nim, jest Panem nieba i ziemi.*

Lecz najsilniejszym 'dowodem stworzenia' jest sam człowiek. W odróżnieniu od innych zwierząt człowiek posiada coś, co nazywamy 'osobowością'; dokonuje rozumnych wyborów, posiada świadomość i potrafi rozróżniać między dobrem a złem. Jest zdolny do miłości i współczucia. A nade wszystko posiada instynkt oddawania czci boskiej. Skąd otrzymał te **przymioty?** Nie mogły ich stworzyć ani ewolucja, ani lawina przypadków. Najbardziej odpowiednia odpowiedź brzmi: *Ukształtował Pan Bóg człowieka z prochu ziemi i tchnął w nozdrza jego dech życia. Wtedy stał się człowiek istotą żywą.* Człowiek nie jest dziełem przypadku, jest on **cudownie stworzony** przez Stworzyciela wszechświata.

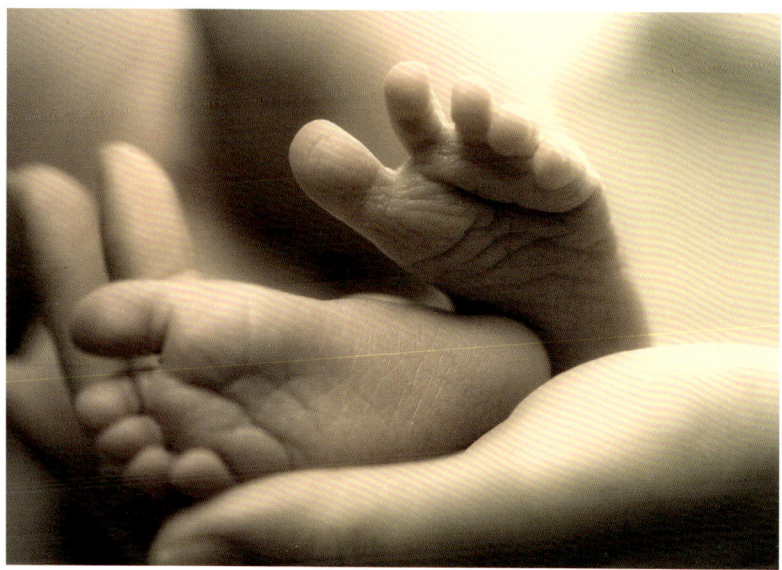

(1) Wszystkie wyszczególnione grubą czcionką słowa są cytatami z Biblii. Spis ich zamieszczono na stronie 32.

Czy Bóg przemawia?

Jest to istotne pytanie. Pozostawieni sami sobie jesteśmy całkowicie nieświadomi Boga. *Czy możesz zgłębić tajemnicę Boga albo zbadać doskonałość Wszechmocnego?* Bóg jest ponad granice naszego zrozumienia i potrzebujemy Go, aby się nam objawił.

Stworzenie jest jednym z głównych sposobów, przez który możemy Go poznać. *Niebiosa opowiadają chwałę Boga, a firmament głosi dzieło rąk jego.* Sam rozmiar wszechświata i jego zadziwiająca równowaga, różnorodność i piękno mówią wiele o Bogu, który to wszystko stworzył. W stworzeniu objawia się zdumiewająca potęga Boga, Jego niesłychana inteligencja i olśniewająca wyobraźnia. *Bo niewidzialna jego istota, to jest wiekuista jego moc i bóstwo, mogą być od stworzenia świata oglądane w dziełach i poznane umysłem, tak iż nic nie mają na swoją obronę.*

Podczas porozumiewania się ze sobą w dużym stopniu polegamy na słowach. Bóg także przemawia do ludzi poprzez słowa — słowa Biblii. Około cztery tysiące razy w samym tylko Starym Testamencie (pięćset razy w pierwszych pięciu księgach) znajdziemy następujące zwroty: 'Pan przemówił', 'Pan rozkazał', 'Pan powiedział'. I właśnie dlatego twierdzi się, że Pismo Święte *nie przychodziło nigdy z woli ludzkiej, lecz wypowiadali je ludzie Boży, natchnieni Duchem Świętym.*

W żadnej innej literaturze nie znajdziemy zapisków jasnych i szczegółowych proroctw ludzi twierdzących, że mówią w imieniu Boga, które później dokładnie się spełniły. Szanse przypadkowości tych przepowiedni są zbyt małe, aby traktować je poważnie.

Dalej można stwierdzić, że istnieje wpływ Biblii na życie ludzkie. Żadna inna księga nie miała tak dużej mocy zmieniania życia. Miliony ludzi przez tysiące lat doświadczały osobiście, że *Zakon Pana jest doskonały, pokrzepia duszę, świadectwo Pana jest wierne, uczy prostaczka mądrości. Rozkazy Pana są słuszne, rozweselają serce, przykazanie Pana jest jasne, oświeca oczy.*

Po dwóch tysiącach lat żaden specjalista jakiejkolwiek dziedziny nie obalił ani jednego stwierdzenia z Biblii. Powodem jest to, że *Całe Pismo przez Boga jest natchnione.* Dlatego powinniśmy przyjąć Pismo Święte *Nie jako słowo ludzkie, ale, jak jest prawdziwie, jako Słowo Boże.*

Jaki jest Bóg?

Jest to oczywiście następne pytanie, które staje przed nami. Uznać, że Bóg istnieje to jedno, a uznać to, że przemawia do nas przez stworzenie i przez stronice Pisma Świętego, to zupełnie co innego. Musimy jednak dowiedzieć się więcej. Jaki właściwie jest Bóg?

Biblia daje nam wiele jasnych i stanowczych odpowiedzi na to ogromnie ważne pytanie. Oto kilka z nich.

Bóg jest osobą. Bóg nie jest 'rzeczą', 'siłą', 'działaniem'. On myśli, czuje, pragnie, postępuje w sposób, który ukazuje Go jako żywą i osobową Istotę. Jednak nie jest On po prostu 'człowiekiem na górze', czy też rodzajem 'nadczłowieka'. **Ale Pan jest prawdziwym Bogiem. On jest Bogiem żywym i Królem wiecznym.**

Bóg jest w wielu osobach. Jest tylko jeden prawdziwy Bóg. Mówi On: **Ja jestem pierwszy i Ja jestem ostatni, a oprócz mnie nie ma Boga.** A jednak Bóg objawił siebie jako 'trójcę' trzech Osób — Ojca, Syna (Jezusa Chrystusa) i Ducha Swiętego, z których każdy jest prawdziwie, w pełni i na równi Bogiem. Biblia mówi o **chwale Boga Ojca**, mówi, że **Bogiem było Słowo (Jezus Chrystus)** i mówi o **Panu, który jest Duchem**. Chociaż Bóg jest tylko jeden, są trzy Osoby w Panu Bogu.

Bóg jest Duchem. Nie ma On wymiarów fizycznych. Nie posiada **ciała ani żadnych właściwości, które mogą być określone** w kategoriach wielkości i kształtu. *Bóg jest duchem, a ci, którzy mu cześć oddają, winni mu ją oddawać w duchu i w prawdzie.* Znaczy to, że Bóg jest niewidzialny. *Boga nikt nigdy nie widział.* Oznacza to również, że nie jest On ograniczony do jednego miejsca, ale znajduje się wszędzie przez cały czas: *Czy to nie Ja wypełniam niebo i ziemię? — mówi Pan.* Zupełnie niezależnie od wszystkiego innego oznacza to, że Bóg jest całkowicie świadomy, co dzieje się wszędzie. Dotyczy to nie tylko wszystkiego co robisz i mówisz, ale także każdej myśli, która pojawia się w twoim umyśle.

Bóg jest wieczny. Bóg nie miał początku. Słowami Biblii, **Od wieków na wieki Tyś jest, o Boże!** Nigdy nie było takiego czasu, w którym Bóg nie istniał i nigdy nie będzie takiego czasu, w którym Bóg nie będzie istnieć. Bóg opisuje siebie, jako tego, **który jest i który był i który ma przyjść.** I wiecznie pozostanie taki sam: *Ja, Pan nie zmieniam się.* Bóg jest i będzie wszystkim tym, czym zawsze był.

Bóg jest niezależny. Każda inna żywa istota jest zależna od ludzi czy rzeczy i ostatecznie od Boga — ale Bóg jest całkowicie niezależny od swego stworzenia. Może On przetrwać sam w sobie. *Ani też nie służy mu się rękami ludzkimi, jak gdyby czego potrzebował, gdyż sam daje wszystkim życie i tchnienie, i wszystko.*

Bóg jest święty. Jest On **wzniosły w świętości, straszliwy w chwalebnych czynach.** Nie nie może się równać ze świętością Boga. **Nikt nie jest tak święty, jak Pan**, który jest zupełnie bez winy i skazy. Biblia mówi o Nim, **Twoje oczy są zbyt czyste, aby mogły patrzeć na zło, nie możesz spoglądać na bezprawie.** I ten święty Bóg wymaga świętości od każdego z nas. Nakazuje nam *świętymi bądźcie, bo Ja jestem święty.*

Bóg jest sprawiedliwy. Biblia mówi, że **Pan jest Bogiem prawa** i że **sprawiedliwość i prawo są podstawą tronu jego.** Bóg jest nie tylko naszym Stworzycielem i Podporą, jest także naszym Sędzią, nagradzającym i karzącym, w czasie i wieczności, ze sprawiedliwością, która jest doskonała i ponad wszelki sprzeciw i wątpliwość.

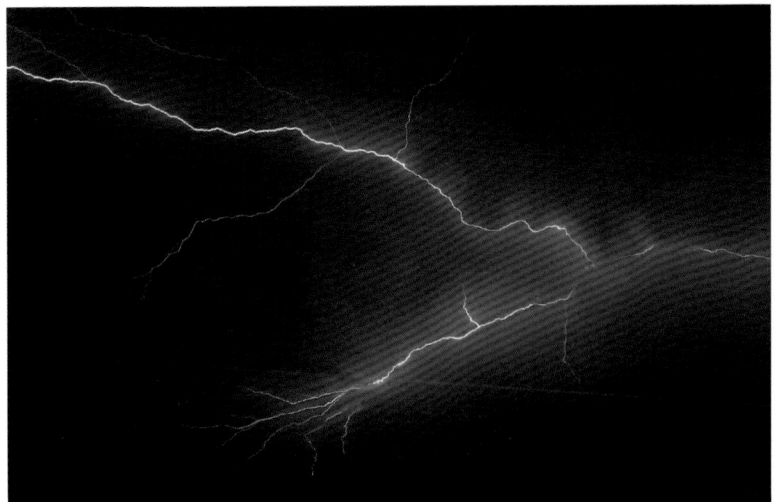

Bóg jest doskonały. Jego wiedza jest doskonała. *I nie ma stworzenia, które by się mogło ukryć przed nim, przeciwnie, wszystko jest obnażone i odsłonięte przed oczami tego, przed którym musimy zdać sprawę.* Bóg wie wszystko o przeszłości, teraźniejszości i przyszłości i zna nasze wszystkie myśli, słowa i czyny. Jego mądrość jest doskonała i zupełnie ponad nasze zrozumienie. *O głębokości bogactwa i mądrości, i poznania Boga! Jakże niezbadane są wyroki jego i nie wyśledzone drogi jego!*

Bóg jest wszechwładny. Jest On jedynym i najwyższym władcą wszechświata i wszystko jest pod Jego kontrolą.

Pan czyni wszystko, co zechce, na niebie i na ziemi, w morzach i we wszystkich głębinach. U Boga nie ma przypadków ani niespodzianek. On pisze historię całego świata i *sprawuje wszystko według zamysłu woli swojej.* Bóg nie potrzebuje żadnej rady ani zezwolenia na cokolwiek, co postanowi zrobić. Nikt nie może powstrzymać Go od zrobienia tego, co zamierza. *Nie ma takiego, kto by powstrzymał Jego rękę i powiedział Mu: Co czynisz?*

Bóg jest wszechmocny. Potrafi On sprawić wszystko. Jego własne słowa brzmią: *Oto ja jestem Pan, Bóg wszelkiego ciała: Czy jest dla mnie coś niemożliwego?* Nie znaczy to, że Bóg może robić cokolwiek (On nie potrafi kłamać, zmieniać zdania, popełniać błędów, grzeszyć czy też zaprzeczać samemu sobie), ale oznacza to, że może zrobić wszystko, co zgodne jest z Jego charakterem.

Jest to tylko krótki zarys tego, co Bóg objawił w Biblii o swojej własnej naturze i charakterze. W Biblii są zawarte jeszcze inne prawdy o Bogu (i przyjrzymy się jednej z nich na stronie 22). Jest jednak wiele rzeczy dotyczących Boga, których nie potrafimy zrozumieć. *Który czyni rzeczy wielkie i niezbadane, cudowne i niezliczone.* W tym sensie *Wszechmogący jest niedostępny* i żadna ludzka inteligencja czy ludzkie rozumowanie nie mogą tego zmienić. Nie powinno nas to dziwić. Gdybyśmy mogli zrozumieć Boga, nie byłby On godny naszego uwielbienia.

Kim ja jestem?

Trudności i problemy współczesnego życia skłaniają wielu ludzi do niestrudzonego poszukiwania sensu i celu życia. Wiemy już trochę o Bogu, ale co wiemy o sobie? Dlaczego istniejemy? Po co jesteśmy tutaj? Czy ludzkie życie ma jakiś sens i cel?

Pierwszą rzeczą, którą trzeba wyjaśnić jest to, że człowiek nie tylko 'istnieje'. Człowiek jest czymś więcej niż przypadkowym nagromadzeniem atomów, które pasują do siebie tworząc zgrabny kształt zwany 'istotą ludzką'. Biblia mówi nam, że człowiek został celowo stworzony przez mądrego i świętego Boga. *I stworzył Bóg człowieka na obraz swój. Na obraz Boga stworzył go. Jako mężczyznę i niewiastę stworzył ich*. Człowiek to coś więcej niż wysoko rozwinięte zwierzę, czy doskonalsza małpa. Jest tak różny od innych zwierząt, jak różne od roślin są zwierzęta i rośliny od minerałów. Pod względem rozmiarów człowiek jest znikomy w porównaniu ze słońcem, księżycem i gwiazdami, lecz Bóg obdarzył go wyjątkowym i uprzywilejowanym miejscem we wszechświecie.

Człowiek stał się osobowym przedstawicielem Boga na ziemi mającym władzę nad wszystkimi innymi żyjącymi stworzeniami. Widoczne jest to w jednym z pierwszych nakazów, jakie Bóg udzielił człowiekowi *panujcie nad rybami morskimi i nad ptactwem niebios, i nad wszelkimi zwierzętami, które się poruszają po ziemi*.

Pan czyni wszystko, co zechce, na niebie i na ziemi, w morzach i we wszystkich głębinach. U Boga nie ma przypadków ani niespodzianek. On pisze historię całego świata i **sprawuje wszystko według zamysłu woli swojej**. Bóg nie potrzebuje żadnej rady ani zezwolenia na cokolwiek, co postanowi zrobić. Nikt nie może powstrzymać Go od zrobienia tego, co zamierza. **Nie ma takiego, kto by powstrzymał Jego rękę i powiedział Mu: Co czynisz?**

Bóg jest wszechmocny. Potrafi On sprawić wszystko. Jego własne słowa brzmią: **Oto ja jestem Pan, Bóg wszelkiego ciała: Czy jest dla mnie coś niemożliwego?** Nie znaczy to, że Bóg może robić cokolwiek (On nie potrafi kłamać, zmieniać zdania, popełniać błędów, grzeszyć czy też zaprzeczać samemu sobie), ale oznacza to, że może zrobić wszystko, co zgodne jest z Jego charakterem.

Jest to tylko krótki zarys tego, co Bóg objawił w Biblii o swojej własnej naturze i charakterze. W Biblii są zawarte jeszcze inne prawdy o Bogu (i przyjrzymy się jednej z nich na stronie 22). Jest jednak wiele rzeczy dotyczących Boga, których nie potrafimy zrozumieć. **Który czyni rzeczy wielkie i niezbadane, cudowne i niezliczone**. W tym sensie **Wszechmogący jest niedostępny** i żadna ludzka inteligencja czy ludzkie rozumowanie nie mogą tego zmienić. Nie powinno nas to dziwić. Gdybyśmy mogli zrozumieć Boga, nie byłby On godny naszego uwielbienia.

Kim ja jestem?

Trudności i problemy współczesnego życia skłaniają wielu ludzi do niestrudzonego poszukiwania sensu i celu życia. Wiemy już trochę o Bogu, ale co wiemy o sobie? Dlaczego istniejemy? Po co jesteśmy tutaj? Czy ludzkie życie ma jakiś sens i cel?

Pierwszą rzeczą, którą trzeba wyjaśnić jest to, że człowiek nie tylko 'istnieje'. Człowiek jest czymś więcej niż przypadkowym nagromadzeniem atomów, które pasują do siebie tworząc zgrabny kształt zwany 'istotą ludzką'. Biblia mówi nam, że człowiek został celowo stworzony przez mądrego i świętego Boga. *I stworzył Bóg człowieka na obraz swój. Na obraz Boga stworzył go. Jako mężczyznę i niewiastę stworzył ich.* Człowiek to coś więcej niż wysoko rozwinięte zwierzę, czy doskonalsza małpa. Jest tak różny od innych zwierząt, jak różne od roślin są zwierzęta i rośliny od minerałów. Pod względem rozmiarów człowiek jest znikomy w porównaniu ze słońcem, księżycem i gwiazdami, lecz Bóg obdarzył go wyjątkowym i uprzywilejowanym miejscem we wszechświecie.

Człowiek stał się osobowym przedstawicielem Boga na ziemi mającym władzę nad wszystkimi innymi żyjącymi stworzeniami. Widoczne jest to w jednym z pierwszych nakazów, jakie Bóg udzielił człowiekowi *panujcie nad rybami morskimi i nad ptactwem niebios, i nad wszelkimi zwierzętami, które się poruszają po ziemi*.

Co się popsuło?

Bezpośrednia odpowiedź na to pytanie brzmi *przez jednego człowieka grzech wszedł na świat, a przez grzech śmierć*.

Pierwszy mężczyzna i pierwsza kobieta (Adam i Ewa) otrzymali dużą wolność, ale otrzymali też jedno poważne ostrzeżenie: *Ale z drzewa poznania dobra i zła nie wolno ci jeść, bo gdy tylko zjesz z niego, na pewno umrzesz*. Było to doskonałym sprawdzianem chęci człowieka do posłuszeństwa temu, co powiedział Bóg, tylko dlatego, że to właśnie On powiedział. Lecz diabeł kusił Ewę, aby temu nie wierzyła i nie słuchała słów Boga, tak też się stało. *A gdy kobieta zobaczyła, że drzewo to ma owoce dobre do jedzenia i że były miłe dla oczu i godne pożądania dla zdobycia mądrości, zerwała z niego owoc i jadła. Dała też mężowi swemu, który był z nią, i on też jadł*.

W tym momencie 'grzech wszedł na świat'. Przez to celowe nieposłuszeństwo człowiek odsunął się od Boga. Zamiast kochać Boga Adam i Ewa bali się Go: *skrył się Adam z żoną swoją przed Panem Bogiem wśród drzew ogrodu*. Zamiast czuć się bezpiecznie, być ufnymi i szczęśliwymi, przez grzech zaczęli się wstydzić, odczuwać winę i bać się.

Lecz Bóg powiedział, że człowiek umrze, jeśli będzie nieposłuszny, i tak też się stało. Śmierć oznacza odłączenie

Człowiek otrzymał także wyjątkową godność. To, że został stworzony 'na obraz Boga' nie oznacza, że jest tej samej wielkości i kształtu co Bóg (jak wiemy Bóg nie posiada 'wielkości' i 'kształtu'), nie znaczy to też, że człowiek jest miniaturą Boga posiadającą wszystkie Jego cechy, ale w mniejszym zakresie. Oznacza to, że człowiek został stworzony jako istota duchowa, rozumna, moralna i nieśmiertelna o doskonałej naturze. Innymi słowy był on wiernym odbiciem świętych cech Boga.

Co więcej, człowiek nieustannie słuchał Bożych nakazów z radością i w wyniku tego żył w doskonałej harmonii z Bogiem. Człowiek nie przeżywał więc 'kryzysu osobowości'! Dokładnie wiedział kim jest i dlaczego znalazł się na świecie i posłusznie przyjmował miejsce wyznaczone mu przez Boga.

Nie tylko człowiek był całkowicie zadowolony ze swojej pozycji w świecie; Bóg był zadowolony z człowieka. Wiemy to, ponieważ Biblia mówi nam, że kiedy Jego dzieło stworzenia, z człowiekiem jako ukoronowaniem chwały, zostało zakończone, to *spojrzał Bóg na wszystko, co uczynił, a było to bardzo dobre.* W tamtym punkcie historii doskonali ludzie żyli w doskonałym otoczeniu, w doskonałych relacjach między sobą i w doskonałej harmonii z Bogiem.

Dzisiejsza sytuacja bynajmniej tak się nie przedstawia! Co się stało?

i w jednej straszliwej chwili człowiek został odłączony od Boga; umarł duchowo. Zaczął także umierać fizycznie i miał teraz martwą duszę i umierające ciało. Lecz to nie wszystko: dzieci Adama i Ewy odziedziczyły ich zepsutą naturę i grzeszny charakter. Od tamtej chwili, jak zanieczyszczenie u źródeł rzeki, trucizna grzechu spływa na wszystkich potomków Adama, *i na wszystkich ludzi śmierć przyszła, bo wszyscy zgrzeszyli*.

Zwróć uwagę na ważne słowo 'wszyscy', które oczywiście dotyczy autora tych słów i czytelnika. Możemy się nigdy nie spotkać na tym świecie, lecz mamy jedną wspólną cechę — jesteśmy grzesznikami i jesteśmy śmiertelni. *Jeśli mówimy, że grzechu nie mamy, sami siebie zwodzimy, i prawdy w nas nie ma* i jeśli mówimy, że nie umieramy, jesteśmy śmieszni Bezcelowe życie z tą świadomością nie przyczynia się do zmiany tego stanu rzeczy.

Wiele tytułów w gazetach, telewizji i radiu przypomina nam dziś, że świat jest pogrążony w chaosie. Łatwo jest potępiać przemoc, niesprawiedliwość, nieporządek i złe postępowanie w społeczeństwie, lecz zanim skrytykujesz innych zapytaj siebie, czy ty żyjesz w sposób, który zadowala Boga. Czy ty jesteś zupełnie uczciwy, czysty, pełen miłości i nieegoistyczny? Bóg zna odpowiedzi na te pytania —znasz je także i ty. ***Wszyscy zgrzeszyli i brak im chwały Bożej***. Jesteś grzesznikiem od urodzenia, z natury, w praktyce i z wyboru i koniecznie musisz stawić czoła tym faktom — i ich konsekwencjom.

Czy grzech to coś poważnego?

Kiedy stwierdzi się chorobę należy zadać pytanie: 'Czy to coś poważnego?' Jeszcze ważniejsze jest zadanie tego pytania, jeśli chodzi o duchową chorobę, jaką jest grzech. Wielu ludzi prawie z radością przyznaje się do tego, że są grzesznikami, ponieważ nie zdają sobie sprawy, co to oznacza. Traktują to tak jakby leżało to 'w ludzkiej naturze', lub kryją się za faktem, że 'każdy tak robi'. Stwierdzenia te omijają jednak właściwą kwestię: czy grzech jest czymś poważnym? Oto niektóre rzeczy, które Biblia mówi o tobie, jako o grzeszniku.

Jesteś zepsuty. Nie oznacza to, że jesteś tak zły, jak to tylko możliwe, ani, że wciąż popełniasz wszystkie grzechy. Nie znaczy to też, że nie możesz odróżnić dobra od zła, czy też robić rzeczy, które są przyjemne i pożyteczne. Oznacza to jednak, że grzech zaatakował każdą część twojej natury i osobowości — twój umysł, wolę, uczucia, świadomość, usposobienie i wyobraźnię. **Podstępne jest serce, bardziej niż wszystko inne, i zepsute.** Korzenie twoich kłopotów tkwią nie w tym, co robisz, lecz w tym, kim jesteś! Grzeszysz, bo jesteś grzesnikiem.

Jesteś skalany grzechem. Biblia nie pozostawia co do tego żadnych wątpliwości: **Albowiem z wnętrza, z serca ludzkiego** *pochodzą złe myśli, wszeteczeństwa, kradzieże, morderstwa. Cudzołóstwo, chciwość, złość, podstęp, lubieżność, zawiść, bluźnierstwo, pycha, głupota.* Zwróć uwagę, że lista ta zawiera myśli, słowa i czyny. Wskazuje to na to, że w odczuciu Boga wszystkie grzechy są równie ciężkie. Niektórzy ludzie **ograniczają swoje rozumienie grzechu do rzeczy takich, jak zabójstwo, cudzołóstwo, rabunek, ale Biblia mówi jasno, że nie mamy prawa myśleć o grzechu w ten sposób. Grzechem jest wszystko, co nie odpowiada doskonałym wzorcom Bożym. Cokolwiek mówimy, myślimy czy robimy, a co nie jest doskonałe, jest grzechem.** A teraz odpowiedz sobie na to pytanie: *Któż może powiedzieć: Oczyściłem swoje serce, jestem wolny od grzechu?* Czy możesz tak powiedzieć? Jeśli nie — jesteś skalany grzechem.

Jesteś buntownikiem. Biblia naucza, że **grzech jest przestępstwem**, zamierzonym buntem przeciwko władzy i prawu Boga. Żadne prawo cywilne nie zmusza cię do kłamstwa, oszustwa i nieczystych myśli, czy grzeszenia w jakikolwiek inny sposób. To ty decydujesz się łamać święte prawa Boże. Celowo jesteś Jemu nieposłuszny i jest to poważną rzeczą, ponieważ *Bóg jest sędzią sprawiedliwym i Bogiem karczącym każdego dnia.* Bóg nie może być pobłażliwy jeśli chodzi o grzech i możesz być pewny, że ani jeden grzech

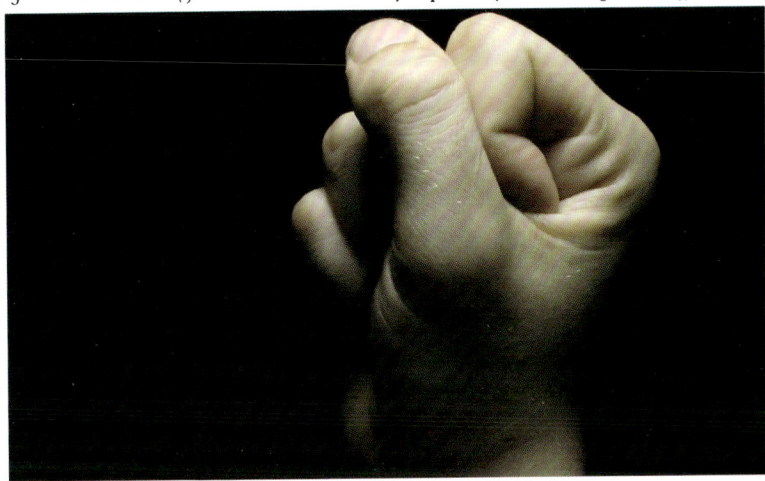

nie pozostanie bez kary.

Niewielką część Bożej kary za grzechy ponosimy już w tym życiu (chociaż możemy tego nie zauważać). Lecz kara ostatecznie zostanie nałożona po śmierci, kiedy w Dzień Sądu Ostatecznego *każdy z nas za samego siebie zda sprawę Bogu.*

Dokąd pójdę z tego świata?

Wiele jest poglądów na temat tego, co stanie się po naszej śmierci. Niektórzy twierdzą, że zostaniemy unicestwieni, niektórzy, że wszyscy pójdziemy do nieba. Inni wierzą w miejsce, gdzie grzeszne dusze są przygotowywane do pójścia do nieba. Nic w Biblii nie potwierdza jednak tych poglądów.

Czytamy natomiast następujące słowa: **postanowione jest ludziom raz umrzeć, a potem sąd**. Ci, którzy żyją w zgodzie z Bogiem, będą wzięci do nieba, żeby spędzić wieczność w pełnej chwały obecności Boga. Wszyscy inni będą skazani na **zatracenie wieczne, oddalenie od oblicza Pana i od mocy chwały Jego**. Najczęstszym tego określeniem w Biblii jest 'piekło'. Oto cztery ważne prawdy o piekle:

Piekło jest faktem. Nie jest ono czymś 'wymyślonym przez Kościół'. Biblia mówi o wiele więcej o piekle, niż o niebie i nie pozostawia żadnych wątpliwości, co do jego istnienia. Mówi o ludziach, że nie mogą **ujść przed sądem ognia piekielnego**, i że mają **pójść do piekła**.

Piekło jest straszne. Jest ono opisane w Biblii, jako **miejsce męki**, porównane jest do **pieca ognistego**, gdzie ludzie będą w **wiecznych płomieniach i w ogniu nieugaszonym**.

Jest to miejsce cierpienia, **tam będzie płacz i zgrzytanie zębów**, miejsce, w którym nie ma **wytchnienia we dnie i w nocy**. Są to straszne słowa, ale są one prawdziwe. Ludzie w piekle są odcięci od wszelkiego dobra, przeklęci przez Boga, pozbawieni najmniejszej nawet pomocy czy otuchy, jaką przynosi Jego obecność.

Piekło jest ostateczne. Wszystkie drogi do piekła prowadzą tylko w jednym kierunku. Nie ma stamtąd wyjścia. Między piekłem a niebem **rozciąga się wielka przepaść**. Strach, samotność, męczarnie piekła nie są po to, aby oczyścić, lecz po to, by karać — na zawsze!

Piekło jest słuszne. Biblia głosi, że Bóg **będzie sądził świat sprawiedliwie**, i że jest doskonale sprawiedliwy, jeśli chodzi o posyłanie grzeszników do piekła. W końcu przecież daje im to, co sami wybrali. Odrzucają Boga tutaj, Bóg odrzuca ich tam. Zdecydowali się prowadzić bezbożne życie; On potwierdza ich wybór — na zawsze. Nie można Boga oskarżać o niesprawiedliwość!

W świetle tych strasznych prawd powinieneś bardzo rozważnie pomyśleć na temat pewnego pytania postawionego kiedyś grupie ludzi w Nowym Testamencie: **Jakże będziecie mogli ujść przed sądem ognia piekielnego?**

Czy religia może pomóc?

Człowiek został nazwany religijnym zwierzęciem. 'Encyklopedia Religii i Etyki' (Encyclopaedia of Religion and Ethics) wymienia setki sposobów, na które ludzie próbowali zaspokoić swoje religijne tęsknoty i uczucia. Czcili słońce, księżyc i gwiazdy; ziemię, ogień i wodę; bożki wykonane z drewna, kamienia i metalu; ryby, ptaki i zwierzęta. Oddawali cześć niezliczonym bogom i duchom, które były produktami ich własnej wypaczonej wyobraźni. Inni próbowali czcić prawdziwego Boga przez ogromną różnorodność ofiar, ceremonii, sakramentów i posług. Jednakże religia, chociaż **szczera, nigdy nie potrafiła rozwiązać problemu grzechu** ludzkiego z co najmniej trzech powodów.

Religia nie może nigdy zadowolić Boga. Religia jest próbą, jaką **podejmuje człowiek, aby pojednać się z Bogiem,** ale każda taka próba jest daremna, ponieważ nawet największe wysiłki człowieka nie są doskonałe i jako takie nie mogą być akceptowane przez Boga. Biblia nie mogła tego wyrazić jaśniej: *A wszystkie nasze cnoty są jak szata splugawiona.* Bóg żąda doskonałości; religii nie udaje się spełnić tego wymagania.

Religia nie może nigdy zmazać grzechu. Twoje zasługi nigdy nie mogą zmazać twoich występków. Dobre uczynki nigdy nie mogą zmazać złych. Jeżeli ktoś pojedna się z Bogiem, dzieje się to **nie z uczynków, aby się kto nie chlubił**. Żadne starania czy praktyki religijne — chrzest niemowląt, konfirmacja, chrzest przez zanurzenie, komunia święta, chodzenie do kościoła, modlitwy, dary, ofiary z czasu i pracy, czytanie Biblii czy cokolwiek innego — nie mogą zmazać ani jednego grzechu.

Religia nie jest w stanie zmienić grzesznej natury człowieka. **Zachowanie człowieka nie jest problemem, jest tylko** symptomem. Natura problemu człowieka jest problemem jego serca, a ludzkie serce jest z natury zepsute i zdeprawowane. Chodzenie do kościoła i branie udziału w obrzędach religijnych może poprawić twoje samopoczucie, ale nie może poprawić ciebie. **Jak może czysty pochodzić od nieczystego? Nie ma ani jednego**.

Niektóre z praktyk religijnych wspomnianych powyżej są oczywiście 'dobre' same w sobie. Na przykład słuszne jest chodzenie do kościoła, czytanie Biblii i modlitwa, ponieważ Bóg nakazuje nam robienie tych rzeczy. Jednakże nie waż się na nich opierać jeśli chcesz pojednać się z Bogiem. Nie są one w stanie tego sprawić; **ufanie im zwiększa tylko twój grzech i twoje potępienie**.

Czy istnieje jakaś odpowiedź?

Tak, oczywiście! — I to Bóg jej udzielił. Główne przesłanie Biblii zawiera się w następujących słowach: *Albowiem tak Bóg umiłował świat, że Syna swego jednorodzonego dał, aby każdy, kto weń wierzy nie zginął, ale miał żywot wieczny.*

Powiedzieliśmy wcześniej, że sprawiedliwy i święty Bóg musi karać grzech. Biblia mówi nam jednak także, że *Bóg jest miłością.* Chociaż Bóg nienawidzi grzechu, kocha On grzeszników i pragnie im przebaczyć. Jak grzesznik może uzyskać sprawiedliwe przebaczenie, jeśli prawo Boże wymaga jego duchowej i fizycznej śmierci? Tylko Bóg mógł rozwiązać ten problem i uczynił to przez osobę Jezusa Chrystusa. *Ojciec posłał Syna jako Zbawiciela świata.*

Syn Boży stał się człowiekiem przez przyjęcie ludzkiej natury. Chociaż Jezus osiągnął pełnię człowieczeństwa, pozostał w pełni Bogiem. Biblia mówi, że *w Nim mieszka cieleśnie cała pełnia boskości.* Pozostał w pełni Bogiem tak, jakby nie został nigdy człowiekiem; osiągnął pełnię człowieczeństwa tak, jakby nie był Bogiem. Jezus Chrystus jest dlatego jedyny w swoim rodzaju i Biblia potwierdza to na wiele sposobów. Jego poczęcie było wyjątkowe: Jego Ojciec nie był człowiekiem, Chrystus był poczęty w łonie dziewicy dzięki cudownej mocy Ducha Świętego. Jego słowa były wyjątkowe: ludzie *zdumie-*

wali się nad nauką jego, ponieważ przemawiał z mocą. Cuda, które czynił były wyjątkowe: wędrował *uzdrawiając wszelką chorobę i wszelką niemoc wśród ludu*, a w kilku wypadkach nawet wskrzeszał umarłych. Jego charakter był wyjątkowy: charakter człowieka *doświadczonego we wszystkim, podobnie jak my, z wyjątkiem grzechu*, tak że Bóg Ojciec mógł o Nim powiedzieć: '*Ten jest Syn mój umiłowany, którego sobie upodobałem*'.

Zwróć uwagę na ostatnie zdanie! Oznacza ono, że Jezus, jako człowiek zachował prawa Boga we wszystkimi i dlatego nie dotyczyła go podwójna kara śmierci wynikająca z grzechu. Pomimo tego aresztowano Go na podstawie zmyślonego oskarżenia, skazano opierając się na fałszywych dowodach, aż w końcu ukrzyżowano Go w Jerozolimie. Jego śmierć nie była jednak 'kaprysem' czy nieuniknionym przypadkiem. Wszystko to było częścią **powziętego z góry Bożego postanowienia i planu**. Ojciec wysłał Syna w bardzo ściśle określonym celu poniesienia kary śmierci wynikającej z grzechu, a Jezus z chęcią poszedł. Według Jego własnych słów celem Jego przybycia na Ziemię było, aby **oddał życie swoje na okup za wielu**. Jego śmierć, podobnie jak i Jego życie, była wyjątkowa.

Z tego powodu bardzo ważne jest, żebyś zrozumiał co stało się po śmierci Jezusa i co Jego śmierć może dla ciebie oznaczać.

Dlaczego krzyż?

Całe nauczanie zawarte w Biblii wskazuje na śmierć Jezusa. Ani Jego doskonałe życie, ani Jego wspaniałe nauki, ani też wielkie cuda nie stanowią głównej części zwiastowania Biblii. Wszystkie one są ważne, ale przede wszystkim Jezus przyszedł **na świat, aby umrzeć.** Dlaczego Jego śmierć jest tak ważna? Odpowiedzią jest, że umarł jako Zastępca, Ten, który poniósł śmierć za grzechy i jako Zbawiciel.

Jezus jako Zastępca. Ukazana jest tu miłość Boga. Grzesznicy są winni, straceni i bezsilni w obliczu świętego prawa Bożego, które wymaga kary za każdy grzech. Jak mogą oni uniknąć słusznego gniewu Bożego? Odpowiedź zawarta w Biblii brzmi: ***Bóg zaś daje dowód swojej miłości ku nam przez to, że kiedy byliśmy jeszcze grzesznikami, Chrystus za nas umarł.*** Jako część zadziwiającego planu ocalenia Syn Boży z własnej woli zgodził się zająć miejsce grzesznikowi ponieść sprawiedliwą karę za ich grzechy. Bezgrzeszny Syn Boży chętnie zgodził się na cierpienie i śmierć za nich, ***sprawiedliwy za niesprawiedliwych.***

Jezus. Ten, który poniósł śmierć za grzechy. Ukazana jest tu świętość Boga. W śmierci Chrystusa nie było żadnego 'fałszu'.

Kara za grzech została w pełni poniesiona. On umarł nie tylko fizycznie, ale i duchowo. Wisząc na krzyżu zawołał: *Boże mój, Boże mój, czemuś mnie opuścił?* W tym strasznym momencie Bóg Ojciec odwrócił się od swego ukochanego Syna, który poniósł wtedy karę odłączenia od Boga. Zauważ w jaki sposób wskazuje to na doskonałą świętość Boga. Każdy rodzaj grzechu, każdy grzech musi być ukarany — a kiedy Jezus zajął miejsce grzeszników został tak rozliczony z ich grzechów, jakby był za nie odpowiedzialny. Jedyny człowiek, którego życie było doskonałe, poniósł zamiast winnych podwójną śmierć.

Jezus Zbawiciel. Ukazana jest tu potęga Boga. Trzy dni po śmierci Chrystus **został ustanowiony Synem Bożym w mocy przez zmartwychwstanie. Objawił się jako żyjący i dał liczne tego dowody** i ukazał, że *już nie umiera, śmierć nad nim już nie panuje*. Poprzez wskrzeszenie Chrystusa z martwych Bóg pokazał, że przyjął Jego śmierć za grzeszników, jako pełne i doskonałe zadośćuczynienie za grzechy, i jako fundament, na którym może oprzeć pełne i dobrowolne przebaczenie dla tych, którzy inaczej zostaliby skazani na spędzenie wieczności w piekle.

Jak się to wszystko odnosi do ciebie? Jak ty sam możesz pojednać się z Bogiem? Jak Chrystus może stać się twoim Zbawicielem?

Jak mogę zostać zbawiony?

Czy po przeczytaniu książeczki do tego miejsca autentycznie chcesz zostać zbawiony? Czy chcesz pojednać się z Bogiem niezależnie od ceny i konsekwencji? Jeśli nie chcesz, oznacza to, że nie pojąłeś doniosłości tych stron, które przeczytałeś. Dlatego powinieneś je przeczytać jeszcze raz powoli i uważnie prosząc Boga o objawienie ci ich prawdy.

Jeśli Bóg objawił ci twoje potrzeby i jeśli rzeczywiście chcesz być zbawiony, musisz dążyć **do upamiętania się przed Bogiem i do wiary w Pana naszego, Jezusa.**

Musisz pokutować. Oznacza to zupełną zmianę nastawienia do grzechu. Musi nastąpić zmiana sposobu myślenia. Musisz przyznać, że jesteś grzesznikiem i że jesteś w stanie buntu przeciwko świętemu i kochającemu Bogu. Musi nastąpić zmiana twojego serca — szczery żal i wstyd za nikczemność twojego grzechu. Następnie musisz wyrazić chęć porzucenia swoich grzechów i zmienić kierunek swojego życia. Bóg wzywa ludzi, aby **spełniali uczynki godne upamiętania.** Musisz to zrobić. Bóg nie wybaczy ci żadnego grzechu, którego nie chcesz się pozbyć. Pokutować za grzechy, to iść w nowym kierunku, próbując z całego serca żyć w sposób miły Bogu.

Musisz ufać Chrystusowi. Przede wszystkim oznacza to akceptowanie faktu, że Jezus to **Chrystus, Syn Boga żywego** i że **Chrystus umarł za bezbożnych.** Po drugie, oznacza to wiarę, że w swej mocy i miłości Chrystus może i chce cię zbawić. Po trzecie, oznacza to pokładanie wiary w Chrystusie, poleganie na nim i tylko na Nim, jako Tym, który może pojednać cię z Bogiem. Twoja duma, grzeszna natura będzie walczyć przeciwko porzuceniu wiary w twoją własną 'dobroć' czy religię. Nie masz jednak innego wyjścia. Musisz przestać wierzyć we wszystko inne i uwierzyć tylko Chrystusowi, który **może zbawić na zawsze tych, którzy przez niego przystępują do Boga**.

Jeśli Bóg objawił ci czego potrzebujesz i obdarzył cię takim pragnieniem, zwróć się do Chrystusa — i zrób to teraz! Najlepiej, jeśli będziesz modlił się do Niego głośno; może ci to ułatwi zdać sobie sprawę z tego, co robisz. Przyznaj, że jesteś winnym, straconym i bezsilnym grzesznikiem i z całego serca proś Chrystusa o Zbawienie i o to, żeby zajął należne Mu miejsce Pana twojego życia, który umożliwia ci odwrócenie się od grzechu i życie dla Niego samego.

Biblia mówi, że *jeśli ustami swoimi wyznasz, że Jezus jest Panem, i uwierzysz w sercu swoim, że Bóg wzbudził go z martwych, zbawiony będziesz i że każdy, kto wzywa imienia Pańskiego, zbawiony będzie*. Jeśli rzeczywiście wierzysz Chrystusowi, jako swojemu Zbawicielowi i uznajesz Go za swojego Pana, możesz uważać, że powyższe obietnice dotyczą ciebie.

Jaką drogę wybrać teraz?

Jeśli ufasz teraz Chrystusowi, to widzisz wiele wspaniałych rzeczy, którymi możesz się radować. Na przykład jesteś teraz w dobrej łączności z Bogiem: Biblia nazywa to byciem 'usprawiedliwionym' i mówi, że *usprawiedliwieni tedy z wiary, pokój mamy z Bogiem przez Pana naszego, Jezusa Chrystusa*. Przez Chrystusa twoje grzechy zostały odpuszczone: *każdy, kto w niego wierzy, dostąpi odpuszczenia grzechów przez imię jego*. Jesteś teraz członkiem rodziny Bożej: wszyscy, którzy ufają Chrystusowi mają *prawo stać się dziećmi Bożymi*. Jesteś zabezpieczony na wieczność: *nie ma żadnego potępienia dla tych, którzy są w Chrystusie Jezusie*. Sam Bóg wszedł w twoje życie pod postacią Ducha Świętego: *Duch tego, który Jezusa wzbudził z martwych, mieszka w was*. Jakie to wspaniałe prawdy!

Teraz musisz umacniać się w twoim duchowym życiu. Oto cztery ważne sprawy, na które będziesz musiał zwrócić baczną uwagę:

Modlitwa. Jesteś teraz zdolny do rozmowy z Bogiem, jako twoim Ojcem, coś czego nie byłbyś wcześniej w stanie robić. Możesz Go czcić, wysławiać za Jego chwałę, moc, świętość i miłość. Możesz prosić codziennie o przebaczenie. Nawet ci, którzy stali się dziećmi Bożymi nie są doskonali, ale wiemy, że *jeśli wyznajemy grzechy swoje, wierny jest Bóg i sprawied-*

liwy i odpuści nam grzechy, i oczyści nas od wszelkiej nieprawości. Możesz mu dziękować każdego dnia za to, że jest dla ciebie dobry. Tak wiele jest rzeczy, za które możesz Mu podziękować - łącznie z codziennymi darami życia, a które z taką łatwością uznajemy za oczywiste. Szczególnie jednak, będziesz chciał Mu podziękować za zbawienie ciebie, za przyjęcie ciebie do Jego rodziny i za danie ci życia wiecznego. Nigdy nie powinno sprawiać ci to trudności! Możesz także prosić o Jego pomoc, siłe i prowadzenie cię w twoim życiu i życiu innych. Szczególnie będziesz chciał modlić się za innych ludzi, którzy są tak, jak ty kiedyś, oddaleni od Boga.

Czytanie Biblii. Gdy modlisz się, ty mówisz do Boga; gdy czytasz Biblię, Bóg mówi do ciebie. A zatem, bardzo istotne jest, abyś czytał ją każdego dnia, bo On powiedział: **Dochodźcie tego, co jest miłe Panu**. Gdy będziesz to robić, próś Go, aby pomógł ci zrozumieć słowa Biblii i aby pomógł ci postępować według zawartych w niej słów, **abyście przez nie wzrastali ku zbawieniu**. Jeśli potrzebujesz, aby ci pomóc w rozpoczęciu studiowania Biblii, zamów nieodpłatny egzemplarz książeczki, o której mowa na stronie 31.

Społeczność. Teraz, kiedy stałeś się członkiem Bożej rodziny, Bóg chce, abyś spotykał się regularnie z twoimi braćmi i siostrami! **Nie opuszczając wspólnych zebrań naszych (...)**, *dodając sobie otuchy*. Oznacza to przyłączenie się do miejscowego kościoła, więc zrób to jak najszybciej. Wybór odpowiedniego kościoła nie zawsze jest łatwy i będziesz musiał znaleźć taki, który wierzy i uczy biblijnych prawd, o których przeczytałeś na kartkach niniejszej książeczki. Osoba, od której otrzymałeś tę książeczkę powinna być w stanie ci pomóc. W kościele dowiesz się więcej o Bogu; skorzystasz z doświadczeń innych poznasz wagę specjalnych wskazówek Boga na temat chrztu i komunii świętej; poznasz radość dzielenia się z innymi darami i umiejętnościami, którymi obdarzył cię Bóg. Potrzebujesz kościoła, a kościół potrzebuje ciebie!

Służba Bogu. Będzie teraz twoim przywilejem, abyś **służył Panu, swemu Bogu, z całego serca i z całej duszy**. Pamiętaj zawsze, że Bóg **nas wybawił i powołał powołaniem świętym**. Daj świętości absolutne pierwszeństwo; **Taka jest bowiem wola Boża: uświęcenie wasze**. Następnie staraj się użyć swoich szczególnych darów w służbie Bożej; ciągle pamiętaj o tym, że zostaliśmy  **stworzeni w Chrystusie Jezusie do dobrych uczynków**. Na koniec, bądź gotowy, żeby powiedzieć innym, **jak wielkie rzeczy Pan ci uczynił**. Mówienie innym o Chrystusie jest nie tylko obowiązkiem Jego wyznawców, ale jest także radosnym doświadczeniem.

Od tej chwili postaraj się żyć w taki sposób, aby w każdym momencie twojego życia mogły się spełniać słowa: **abyście rozgłaszali cnoty tego, który was powołał z ciemności do cudownej swojej światłości**.

Jeśli zaufałeś Chrystusowi dzięki przeczytaniu tej książeczki i potrzebowałbyś pomocy przy codziennym czytaniu Biblii, napisz proszę na adres:
Kościół Ewangelicznych Chrześcijan, ul. Ostrobramska 28, 60-122 Poznań
aby zamówić bezpłatny egzemplarz książeczki 'Jak naucza Marek', książeczki będącej przewodnikiem do samodzielnego czytania Biblii, opartym na Ewangelii według Świętego Marka.

Jeśli potrzebujesz dalszej pomocy, skontaktuj się z następującą osobą:

Cytaty z Biblii zawarte w niniejszej książeczce są następujące:

Strona 4
Hebrajczyków 11.6
Genesis 1.1
Hebrajczyków 11.3
Psalm 33.9

Strona 5
Dzieje 17.24
Genesis 2.7
Psalm 139.14

Strona 6
Job 11.7
Psalm 19.2
Rzymian 1.20

Strona 7
2 Piotr 1.21
Psalm 19.8-9
2 Tymoteusz 3.16
1 Tesaloniczan 2.13

Strona 8
Jeremiasz 10.10
Izajasz 44.6
Filipian 2.11
Jan 1.1
2 Koryntian 3.18

Strona 9
Jan 4.24
Jan 1.18
Jeremiasz 23.24
Psalm 90.2
Objawienie 1.8
Malachiasz 3.6
Dzieje 17.25

Strona 10
Exodus 15.11
1 Samuel 2.2
Habakuk 1.13
1 Piotr 1.16
Izajasz 30.18
Psalm 97.2
Hebrajczyków 4.13
Rzymian 11.33

Strona 11
Psalm 135.6
Efezjan 1.11
Daniel 4.32
Jeremiasz 32.27
Job 5.9
Job 37.23

Strona 12
Genesis 1.27
Genesis 1.28

Strona 13
Genesis 1.31

Strona 14
Rzymian 5.12
Genesis 2.17
Genesis 3.6
Genesis 3.8

Strona 15
Rzymian 5.12
1 Jan 1.8
Rzymian 3.23

Strona 16
Jeremiasz 17.9
Marek 7.21-22

Strona 17
Przypowieści 20.9
1 Jan 3.4
Psalm 7.12
Rzymian 14.12

Strona 18
Hebrajczyków 9.27
2 Tesaloniczan 1.9
Mateusz 23.33
Mateusz 5.29
Łukasz 16.28
Mateusz 13.42
Izajasz 33.14
Mateusz 3.12

Strona 19
Mateusz 22.13
Objawienie 14.11
Łukasz 16.26
Dzieje 17.31
Mateusz 23.33

Strona 20
Izajasz 64.6

Strona 21
Efezjan 2.9
Job 14.4

Strona 22
Jan 3.16
1 Jan 4.8

1 Jan 4.14
Kolosan 2.9

Strona 23
Łukasz 4.32
Mateusz 4.23
Hebrajczyków 4.15
Mateusz 3.17
Dzieje 2.23
Mateusz 20.28

Strona 24
Rzymian 5.8
1 Piotr 3.18

Strona 25
Marek 15.34
Rzymian 1.4
Dzieje 1.3
Rzymian 6.9

Strona 26
Dzieje 20.21
Dzieje 26.20
Mateusz 16.16
Rzymian 5.6

Strona 27
Hebrajczyków 7.25
Rzymian 10.9
Rzymian 10.13

Strona 28
Rzymian 5.1
Dzieje 10.43
Jan 1.12
Rzymian 8.1
Rzymian 8.11
1 Jan 1.9

Strona 29
Efezjan 5.10
1 Piotr 2.2
Hebrajczyków 10.25

Strona 30
Deuteronomium 10.12
2 Tymoteusz 1.9
1 Tesaloniczan 4.3
Efezjan 2.10
Marek 5.19
1 Piotr 2.9